LA PREMIÈRE GUERRE MONDIALE

TOME 3

1918, le dénouement

Par Benjamin Janssens de Bisthoven

50MINUTES.fr

DEVENEZ INCOLLABLE
EN HISTOIRE !

LA PREMIÈRE GUERRE MONDIALE –1918, LE DÉNOUEMENT

DONNÉES CLÉS

- **Quand ?** Du 28 juillet 1914 au 11 novembre 1918.
- **Où ?** En Europe, en Asie et en Océanie.
- **Belligérants ?**
  - Les Puissances centrales : l'Empire allemand, l'Autriche-Hongrie, la Bulgarie, l'Empire ottoman.
  - Les Alliés et les pays associés : la France, l'Empire britannique, la Russie, l'Italie, la Serbie, les États-Unis, le Japon, la Chine, la Belgique, la Roumanie, le Portugal, le Luxembourg, la Grèce, l'Albanie, le Monténégro et la majeure partie des États sud-américains.
- **Issue ?** Victoire des Alliés. Effondrement des Empires allemands, austro-hongrois, ottoman et russe. Apparition de nouveaux États.
- **Victimes ?** Plus de neuf millions de morts.

INTRODUCTION

À la fin de l'année 1917, alors que la Première Guerre mondiale s'éternise depuis bientôt quatre ans, l'Allemagne peut enfin croire la victoire toute proche. Les Français et les Britanniques sont en effet sortis affaiblis de leurs échecs sur le Chemin des Dames et dans les Flandres. L'armée italienne a été sévèrement étrillée à Caporetto, perdant quelque 300 000 hommes, au mois d'octobre. Enfin, la Russie, qui impose au Reich une guerre sur deux fronts depuis 1914, vient de sombrer dans la révolution bolchevique.

Il lui faut toutefois agir vite. Minées par la guerre et le blocus ennemi, les économies nationales de ses alliés sont sur le point de se disloquer. En Autriche-Hongrie et en Bulgarie, la famine guette, tandis que la production industrielle et agricole s'effondre. Quant à l'Empire ottoman, les difficultés sont telles que le Gouvernement central perd progressivement toute autorité sur ses provinces. Mais il y a pire. Depuis qu'ils ont rejoint les Alliés en avril 1917, les États-Unis envoient continuellement troupes, matériels militaires et capitaux en Europe, ce qui risque de faire définitivement basculer la guerre en faveur des Alliés. Pour Erich Ludendorff (1865-1937) et Paul von Hindenburg (1847-1934), les maîtres de l'armée allemande depuis 1916, c'est désormais quitte ou double : il faut en finir dans les plus brefs délais, car, à terme, la défaite est inéluctable. La Grande Guerre entre dans sa phase terminale.

LE DERNIER ROUND

Le 11 novembre 1917, à Mons, en Belgique occupée, Erich Ludendorff annonce aux principaux chefs de la *Westheer* (l'armée allemande servant à l'ouest) son intention de lancer, au printemps, l'offensive décisive en France. La tâche ne s'annonce pas facile. De la Manche à la Suisse, le front forme, sur ce théâtre d'opérations, une immense ligne de boue, de tranchées, de barbelés et de béton pratiquement impénétrable. Les Alliés l'ont appris à leurs dépens. De 1915 à 1917, toutes leurs tentatives ne leur ont permis d'avancer que d'une poignée de kilomètres. Mais le premier quartier-maître croit en ses chances. Le contexte stratégique lui est favorable, son armée est forte, et ses ennemis divisés et très affaiblis. Et puis, le Reich a-t-il vraiment d'autres choix ? Depuis le début des hostilités, le front occidental est le front principal et, de ce fait, constitue le seul moyen pour l'Allemagne d'obtenir une victoire rapide. Un an plus tard, jour pour jour, le pays, complètement brisé, signera pourtant l'armistice qui mettra fin à la guerre. Un désastre dont Ludendorff est largement responsable.

LA *KAISERHEER*, REDOUTABLE…
ET FRAGILE

À la veille de son coup de poker à l'ouest, l'OHL (*Oberste Heeresleitung*, le haut commandement allemand) mise beaucoup sur les capacités de la *Kaiserheer*, l'armée impériale allemande, à enfoncer les lignes ennemies. Cette confiance n'est pas sans fondements. Formidable « machine à vaincre » au début du conflit, comme le souligne l'historien Jean-Claude Laparra, l'armée allemande a continué à se développer et à se perfectionner. Au point qu'elle n'a sans doute jamais été aussi redoutable qu'en ce premier semestre de l'année 1918. Reste qu'elle souffre de quelques gros défauts, qui la mettront à mal dans le déroulement de la campagne.

Quantitativement, la *Westheer* est un monstre. Au début du mois d'avril 1918, elle aligne face aux Alliés quatre millions d'hommes, soit deux fois plus de troupes que lors du lancement du plan Schlieffen en 1914, pour des enjeux équivalents. Afin d'atteindre un tel chiffre, Ludendorff et Hindenburg ont dépouillé tous les autres théâtres d'opérations dans lesquels l'Allemagne était active. Avec le retrait de la Russie, consacré par la signature du traité de Brest-Litovsk le 3 mars 1918, 38 divisions ont été rappelées du front est. D'autres suivront, même si le Reich est contraint d'y maintenir des forces conséquentes, à la fois pour garder ses conquêtes russes, mais aussi pour endiguer la terrible guerre civile qui déchire l'ancien empire tsariste. Des contingents plus petits ont également été ramenés de Macédoine et d'Italie.

Rassemblée à l'ouest, cette énorme masse humaine donne aux Allemands, pour la première fois depuis le début du conflit, la supériorité numérique sur leurs adversaires. Cet avantage est cependant moindre qu'on ne l'écrit souvent. L'écart des forces entre les deux camps restant en réalité très relatif : en mars, on dénombre seulement 191 divisions allemandes sur le front occidental contre 178 du côté des Alliés. L'historien David Zabecki précise d'ailleurs que les divisions déployées par les Allemands sont en général plus petites que celles de leurs opposants. Dans ces conditions, la seule manière pour l'OHL d'obtenir une supériorité numérique nette réside dans sa capacité à concentrer localement ses moyens et à surprendre les Alliés sur leurs positions les plus faibles. Il faut toutefois ajouter qu'en dépit de sa taille imposante, l'armée allemande est désespérément à court d'hommes. À ce stade de la guerre, l'Allemagne a en effet largement consumé ses réserves humaines. Les quatre millions d'hommes rassemblés dans la *Westheer* constituent ses ultimes forces vives ; elle ne pourra pas les remplacer si les choses tournent mal.

Les Alliés souffrent du même problème, à deux nuances près : jusqu'alors, le front occidental s'est toujours avéré plus meurtrier pour l'attaquant, or ils se trouvent cette fois en position défensive ; en outre, ils peuvent désormais compter sur le vivier américain, même si leurs hommes n'arrivent qu'au compte-gouttes.

Dans l'ensemble, les unités allemandes du front occidental sont aguerries et correctement équipées. Mais toutes ne se valent pas, loin de là. En mars 1918, les deux tiers des 191 divisions que compte la *Westheer* sont des unités de seconde catégorie, dites de position (*Stellungsdivisionen*), moins bien dotées en matériel, en effectif et en support aérien que le tiers restant, composé de divisions d'attaque (*Angriffsdivisionen*). Regroupant la crème de l'armée allemande, ces dernières forment le fer de lance avec lequel Ludendorff entend lancer son offensive. Et, autant le dire, le fer est bien acéré : pendant l'hiver 1917-1918, les *Angriffsdivisionen* ont été entraînés aux terribles tactiques d'assaut élaborées par le colonel d'artillerie allemand Georg Bruchmüller (1863-1948), qui combinent l'emploi brusque et massif de l'artillerie, de l'aviation et de petites escouades d'attaque lourdement armées, les *Stosstruppen*. En septembre 1917, ces tactiques ont permis de déchirer sans peine le front russe et de prendre Riga. Seul bémol, le petit nombre des *Angriffsdivisionen* restreint les possibilités opérationnelles allemandes à des attaques limitées dans le temps et dans l'espace.

Deux ultimes défauts fragilisent encore l'armée allemande. Le premier tient à son moral, certes bon en ce début 1918, mais dont les bases sont fragiles. L'optimisme et la bonne humeur du soldat allemand tiennent en effet essentiellement à l'espoir que leurs récentes victoires en Italie et en Russie, ainsi que l'offensive prévue par Ludendorff en France, amèneront la paix. Autrement dit, si

Ludendorff venait à rater son attaque, les choses pourraient très mal tourner. En outre, le moral est loin d'être uniforme. Aux arrières et dans le pays, il est beaucoup plus instable. Des manifestations massives contre le Kaiser ont ainsi lieu dans les villes allemandes en janvier 1918, avant d'être réprimées avec brutalité. Les nombreuses désertions, qui se produisent lors du transfert des troupes du front de l'est pour combattre à l'ouest, s'avèrent également significatives.

L'armée allemande souffre enfin d'une cruelle insuffisance de véhicules motorisés. En 1918, elle ne possède que 23 000 camions, là où les Alliés en ont presque cinq fois plus. Cette situation est aggravée par des stocks d'essence et de lubrifiant extrêmement limités et un manque important de chevaux. Pire que tout, elle ne compte pratiquement aucun char. Avec sa vingtaine de modèles A7V et une petite centaine de chars capturés à l'ennemi, elle ne peut pas rivaliser avec les Alliés qui en ont des milliers à leur disposition. En conséquence, ces derniers surclassent la *Heer* en rapidité, en logistique, en manœuvrabilité et en puissance de frappe. Elles seront quelques-unes des clés de leur victoire.

LES ALLIÉS EN PLEINE CRISE DE CONFIANCE

Au même moment, dans le camp des Alliés, l'humeur est franchement sombre. Vue de Londres, Paris ou Rome, la situation, en effet, ne cesse d'alarmer. Stratégiquement, la perte définitive de l'allié russe constitue une catastrophe majeure. Non seulement les Puissances centrales sont maintenant libres de se concentrer à l'ouest, mais la paix et la révolution bolchevique ont aussi anéanti tous les investissements (évalués à quelque 13 milliards de francs-or pour la France) et l'aide militaire accordés à la Russie par les Alliés. Ensuite, en cédant au Reich et à ses partenaires 1 300 000 km² de territoire russe bien pourvus en ressources et en industries, le traité de Brest-Litovsk menace d'anéantir le blocus dont ces derniers sont victimes. Enfin, on craint que les Allemands ne profitent de la décomposition de l'espace russe dans la guerre civile pour pousser davantage vers l'est, vers l'Asie et l'Inde britannique.

L'autre grande source d'angoisse, ce sont les Américains, dont l'entrée en lice se fait affreusement attendre. Alors qu'ils sont en guerre avec l'Allemagne depuis le mois d'avril 1917, seuls 150 000 hommes ont débarqué en France en janvier 1918, et aucun ne se trouve sur la ligne de front. C'est que le président Woodrow Wilson (1856-1924) refuse catégoriquement d'engager l'*American Expeditionary Force* (le Corps expéditionnaire américain, AEF) autrement que comme une armée indépendante. Wilson pense évidemment aux intérêts des États-Unis avant ceux des Alliés. Or, l'incorporation des unités américaines dans les armées franco-britanniques – demande réitérée à de nombreuses reprises par les Alliés – réduirait fatalement sa marge de manœuvre lors des négociations de paix, sans compter qu'elle risquerait d'être mal vue par la population américaine. Les Alliés doivent donc encore patienter, le temps pour l'AEF d'être capable d'agir par lui-même.

De toute façon, les Américains ne sont pas encore prêts à combattre. En mars, sur les sept divisions établies sur le continent, une seule est opérationnelle. C'est que les « Sammies » sont arrivés en Europe sous-équipés et pas ou peu entraînés à la guerre moderne. Deux carences qu'il revient d'ailleurs à la France et à la Grande-Bretagne de combler, et qui s'ajoutent à l'immense fardeau que représente déjà la mobilisation de leur flotte pour le transport et le ravitaillement des Américains à travers l'Atlantique.

En ce premier semestre 1918, les Alliés ne pourront donc pratiquement compter que sur leurs seules forces pour endiguer la marée allemande sur le front occidental. Leur jeu est pourtant meilleur qu'il n'y paraît. Si les Britanniques et les Français sont dépassés numériquement par les Allemands –encore que très légèrement –, ils les surpassent largement pour à peu près tous les matériels de guerre. Outre leur domination écrasante en véhicules et en chars, les Alliés alignent, en mars 1918, 18 500 canons contre 14 000 pour la *Heer*, ainsi que 3 870 avions contre 2 890. Et ce n'est qu'un début ! Grâce à une mobilisation industrielle exceptionnelle, des milliers d'autres sortiront encore des ateliers et viendront creuser un peu plus l'écart en faveur des Alliés.

Qualitativement, ils n'ont donc rien à envier aux Allemands. Leurs armées sont aussi expérimentées que les leurs ; les troupes d'assaut allemandes, les *Stosstruppen* des *Angriffsdivisionen*, ne leur sont pas inconnues ; et ils ont mis au point de nouvelles méthodes de combat en réponse à celles développées par les Allemands, comme la défense en profondeur, qui consiste à échelonner des positions défensives de plus en plus fortes afin de gagner du temps pour rameuter des renforts. Leur plus grande faiblesse, le moral, connaît une amélioration significative depuis le début de l'année, en particulier chez les Français et les Italiens, où militaires et politiciens s'emploient à restaurer la combativité de la nation, mise à mal par les désastres de 1917. Bien sûr, tout n'est pas rose. En 1918, les pays alliés seront encore agités par des protestations et des grèves de grande ampleur. Il n'empêche, leurs armées et leurs arrières tiendront jusqu'à la victoire finale. En fait, il manque surtout deux choses aux Alliés : un commandement unifié, capable d'orienter et de coordonner les efforts de la coalition ; et la confiance en leurs moyens, tout à fait en mesure d'arrêter l'Allemagne.

LES PUISSANCES CENTRALES JOUENT LEUR DERNIÈRE CARTE

Le 21 mars 1918, à 4 h 40 du matin, un feu d'enfer s'abat soudainement sur les positions britanniques entre Arras et Saint-Quentin. En cinq heures, 6 473 pièces d'artillerie et 3 535 mortiers de tranchées crachent sur les « Tommies » 1,16 million d'obus, parmi lesquels de nombreuses munitions chimiques. C'est le début de l'opération « Michael », la grande offensive allemande à l'ouest. Mais que recherche Ludendorff sur cette partie du front ? Séparer les armées françaises des britanniques ? Rejeter le Corps expéditionnaire britannique (BEF) à la mer ?

En réalité, Ludendorff n'a pas défini d'objectifs stratégiques clairs. S'il a choisi de frapper les Britanniques en Picardie, c'est avant tout parce qu'il estime leur armée plus faible que celle des Français, et que le terrain favorise la rupture du front ennemi. La suite des événements est à l'image des insuffisances du haut commandement. En deux semaines, les Allemands réalisent une jolie percée et avancent d'une soixantaine de kilomètres, prenant Noyon, Bapaume et

Montdidier. Mais, lorsque leur attaque s'arrête le 4 avril, minée par les problèmes logistiques et la résistance des Alliés, elle n'a rien accompli de décisif. Pire, à certains égards, elle s'est même avérée contre-productive. Devant les premiers succès de l'opération, les États-Unis ont décidé d'accélérer l'envoi de troupes en Europe et ont accepté de permettre aux Alliés d'incorporer quelques unités américaines dans leurs rangs. Quant aux Alliés eux-mêmes, la crise provoquée par l'attaque allemande les a poussés à se doter d'un commandant suprême en la personne de Ferdinand Foch (1851-1929), chargé de coordonner leurs efforts contre Ludendorff.

L'échec de l'opération « Michael » ne décourage toutefois pas le général allemand. Le 9 avril, une seconde opération contre les Britanniques, appelée « Georgette », est lancée plus au nord, entre Béthune et Armentières. Encore une fois, le bombardement et les tactiques d'assaut allemandes font merveille. Le front britannique est pulvérisé en un rien de temps, et la *Heer* fait une belle avancée au cours des premiers jours, ce qui sème un vent de panique dans l'état-major du BEF. Très vite, cependant, les Alliés se ressaisissent et contraignent les Allemands à ralentir puis à s'arrêter, jusqu'à la stabilisation définitive du front le 29 avril. Ludendorff a fait les mêmes erreurs. En 20 jours de combats, son offensive a permis de gagner une vingtaine de kilomètres supplémentaires, mais a raté l'essentiel : aucun gain stratégique n'a été réalisé, et le BEF est toujours debout.

Frustré, Ludendorff tourne maintenant ses efforts vers le sud, contre les Français. En réalité, le premier quartier-maître a toujours pour but principal l'anéantissement des Britanniques, dont il sent l'effondrement proche. Mais les opérations « Michael » et « Georgette » ont eu pour effet d'attirer dans le secteur du BEF de nombreuses divisions françaises, ce qui rend impossible une nouvelle offensive. Pour s'en débarrasser, Ludendorff monte l'opération « Blücher », une attaque de diversion dans le secteur français du Chemin des Dames, qu'il sait relativement peu défendu. Le choix est judicieux. Une fois de plus cependant, le haut commandement allemand gère mal son affaire. Peu de temps après le lancement, Ludendorff se laisse complètement emporter par les succès foudroyants obtenus par ses troupes, au point d'oublier le caractère secondaire de l'opération. Les unités prévues pour frapper les Britanniques sont rappelées les unes après les autres des Flandres pour renforcer l'assaut, tandis que les objectifs sont revus à la hausse. Il s'agit notamment maintenant de prendre Reims et de menacer Paris.

Le résultat final est le fruit de ces incohérences. Du 27 mai au 13 juin, « Blücher » a donné aux Allemands la maîtrise, d'un vaste saillant à l'ouest de Paris, de 60 kilomètres de profondeur sur 40 de large, d'une valeur stratégique pratiquement nulle. Un saillant de surcroît vulnérable et pauvrement doté en lignes de communication, à l'instar de celui formé par « Michael ». La précarité des positions conquises est tellement évidente que l'armée allemande doit réaliser, sitôt « Blücher » terminé, deux opérations afin de les améliorer ; sans grand succès. Plus grave encore pour les Allemands, l'armée française n'a pas été sortie du jeu, pas plus que le BEF ; et les Américains commencent à participer aux combats, quoique encore en petit nombre. Enfin, à la faillite de « Blücher » s'ajoute l'aggravation de la situation en Italie, où l'Autriche-Hongrie, vivement pressée par l'Allemagne de l'aider dans ses efforts à l'ouest, a complètement raté à la mi-juin son offensive sur la Piave.

À l'OHL, forcément, la tournure générale de la campagne inquiète. D'autant plus que les forces de la Westheer ont été sensiblement amoindries par les entreprises de Ludendorff. Depuis le 21 mars, elle a perdu près d'un million d'hommes, pour 900 000 du côté des Alliés. Mais, contrairement à ceux-ci, les pertes allemandes touchent essentiellement les meilleurs éléments de l'armée, à savoir le noyau dur des *Angriffsdivisionen*. Le moral chute également de façon dramatique. Le soldat allemand, qui pensait que l'offensive de printemps amènerait la paix, est désillusionné. Désertions et actes d'indiscipline se multiplient. L'autorité de Ludendorff elle-même en a pris un coup. Le 24 juin, Richard von Kühlmann (1873-1948), le ministre des Affaires étrangères du Reich, provoque un tollé au Reichstag en proclamant que les moyens militaires seuls ne peuvent apporter de solution au conflit. Sur pression de l'état-major, il est écarté par le Kaiser. La position du duo Hindenburg-Ludendorff est encore trop forte pour être remise en cause. De toute façon,

Ludendorff compte bien faire taire ses opposants par une ultime offensive qui sera décisive.

LA CONTRE-OFFENSIVE ALLIÉE

Pompeusement intitulée « *Friedensturm* » (« l'offensive de la paix »), l'attaque allemande démarre le 15 juillet à l'est et au sud de Reims. Elle est accueillie par un déluge d'obus et de mitraille. Les Français ont deviné les intentions allemandes et ont rameuté sur leurs arrières le gros de leurs réserves. Quelques divisions américaines et italiennes participent également à la bataille. Impossible d'espérer quoi que ce soit dans ces conditions. Le 17 juillet, Ludendorff doit arrêter l'opération. L'initiative passe dès lors dans le camp des Alliés, qui ne la perdra plus.

Le lendemain, Foch lance la contre-attaque. Cachées dans la forêt de Villers-Cotterêts, deux armées françaises, soutenues par 500 chars et 1 000 avions, viennent surprendre les Allemands sur le flanc droit de l'énorme saillant créé par « Blücher ». L'effet est immédiat. L'armée allemande recule de plusieurs kilomètres, et ce n'est qu'un début. Dans les jours qui suivent, c'est tout le saillant allemand qui s'embrase, pressé par les armées alliées et par près de 270 000 Américains. Attaqué de toute part, Ludendorff se voit contraint d'ordonner l'évacuation du saillant. Le 5 août, les Allemands sont revenus sur l'Aisne, le point de départ de l'opération « Blücher ». Ils laissent sur le terrain 28 000 prisonniers et 600 canons.

La *Westheer* a beau avoir subi un revers, Ludendorff reste optimiste. Les conseils prodigués par ses subordonnés de se replier sur une ligne plus facilement défendable sont écartés d'emblée. Les Alliés, pense le maître de l'OHL, ont été épuisés par les derniers combats et n'entreprendront, par conséquent, plus de grande offensive avant longtemps. Pourtant, le 8 août, le front se rallume devant Amiens, face au saillant créé par « Michael ». Appuyées par 1 900 avions et plus de 500 chars, les armées britannique et française bousculent sans peine les défenses allemandes. En l'espace de 24 heures, 15 000 hommes sont faits prisonniers et une quinzaine de kilomètres sont repris. Une journée noire que Ludendorff qualifiera par la suite de « jour de deuil de l'armée allemande ».

Les Alliés ne devaient toutefois pas pousser beaucoup plus loin leur avantage dans le secteur. Réunis à Bombon le 24 juillet, Foch et les chefs militaires français, britanniques et américains ont en effet convenu d'une stratégie très différente de leurs homologues allemands. Au lieu de chercher à percer et à foncer à tout prix en un point précis du dispositif ennemi, ils ont opté pour la réalisation d'attaques successives, limitées dans le temps et dans l'espace, sur toute la longueur du front allemand. Une tactique qui, si elle ne donne pas d'avancée spectaculaire, s'avère moins coûteuse, plus sûre, et permet d'empêcher Ludendorff de faire jouer ses réserves. Aussi, la bataille a-t-elle seulement pris fin à Amiens qu'une autre éclate presque immédiatement ailleurs sur le front.

Grâce à ce procédé, les Alliés font des progrès continus, l'armée allemande ne parvenant pas à faire face à toutes les menaces en même temps. Le 23 août, Bapaume est libérée ; Noyon l'est à son tour six jours plus tard. À la mi-septembre, la ligne Hindenburg, la plus puissante position défensive allemande à l'ouest, est flanquée sur toute sa longueur. Il ne reste alors quasiment rien de l'espace conquis par les Allemands au printemps. Enfin, du 12 au 14 septembre, les Américains, au cours de leur première grosse opération autonome de la guerre, prennent Saint-Mihiel, occupé par l'Allemagne depuis 1914.

À la fin du mois de septembre, les Alliés se sentent suffisamment forts pour passer à l'offensive générale. Les Américains sont à présent 1 786 000 en France ; les soldats alliés sont gonflés à bloc par les récentes victoires ; et l'armée allemande ne cesse de montrer des signes de défaillance. L'attaque commence le 26 par un effort franco-américain dans l'Argonne puis elle s'étend progressivement sur toute la longueur du front jusqu'à la Manche, englobant même la petite armée belge qui garde l'Yser. L'avancée, entrecoupée de pauses, est lente mais régulière. Au 10 novembre, elle aura permis de refouler la *Westheer* de 40 à 70 kilomètres, entre Verdun et la côte belge.

L'offensive générale des Alliés à l'ouest concorde avec l'effondrement des alliés de l'Allemagne. Le 15 septembre, l'armée d'Orient, un énorme agglomérat de Français, d'Italiens, de Grecs, de Britanniques, de Serbes et de Russes, commandé par le français Franchet d'Espèrey (1856-1942), réussit à percer le front bulgare, en Macédoine. En deux semaines, elle pousse jusqu'à Skopje et fait 75 000 prisonniers. Acculée à la défaite, la Bulgarie signe, le 29 septembre, l'armistice qui la sort de la guerre. Du 19 au 21 septembre, c'est au tour des Ottomans d'être écrasés en Palestine par les Britanniques. Un peu plus d'un mois plus tard, ces derniers ont pris Alep et Damas. Le 30 octobre, l'armistice est conclu. Quant à l'Autriche-Hongrie, il ne faut plus y compter. Elle est au bord de l'implosion. Prise en étau entre les Italiens et l'armée d'Orient qui remonte les Balkans, elle suivra le 3 novembre le même chemin que la Bulgarie et l'Empire ottoman.

L'aggravation de la situation fait rapidement sentir ses effets à l'OHL et en Allemagne. Le 29 septembre, un Ludendorff profondément démoralisé annonce au Kaiser qu'un armistice doit être conclu au plus vite et qu'il faut, pour l'obtenir des Alliés, démocratiser le régime. Après quoi les événements se précipitent. Le lendemain, le prince Max de Bade (1867-1929), un libéral modéré connu pour son opposition à Ludendorff, devient chancelier, tandis qu'un Gouvernement parlementaire est créé dans la foulée. À partir du 4 octobre, des tractations sont entreprises avec les États-Unis, puis avec le reste des Alliés. Elles se prolongent pendant un mois. Entre-temps, les derniers obstacles à la paix sont écartés : Ludendorff, qui s'est finalement rétracté, est démis de ses fonctions le 26 ; le Kaiser Guillaume II (1859-1941), menacé par la révolution, est contraint d'abdiquer le 9 novembre. L'Allemagne est désormais une république. Finalement, le 11 novembre, à Rethondes, l'armistice est signé avec les Alliés. La Première Guerre mondiale est enfin terminée.

LES CONSÉQUENCES DE LA GRANDE GUERRE

Les conséquences de la Première Guerre mondiale sont gigantesques. L'ordre mondial d'avant-guerre est balayé au profit d'une paix instable, presque introuvable, qui portera les germes d'une nouvelle conflagration mondiale, autrement plus horrible que la première. L'Europe est un continent en ruines vidé de ses forces vitales, qui voit sa prééminence dans le monde battue en brèche de toutes parts. Mais la guerre bouleverse aussi les sociétés, y apportant des transformations radicales, dont le fascisme et le communisme sont les formes les plus extrêmes.

UN ORDRE MONDIAL INSTABLE

Les Puissances centrales vaincues, les Alliés se réunissent à Paris afin d'élaborer un ordre international à même d'assurer une paix durable. L'objectif ne sera jamais atteint. L'entre-deux-guerres s'avérera même plus instable que les années précédant le conflit. Et pour cause, à peine entamées, les négociations entre les vainqueurs sont houleuses. Unis dans la guerre, ceux-ci poursuivent maintenant des objectifs très divergents.

Deux conceptions de la paix, en particulier, s'affrontent au cours de la conférence de Paris (janvier 1919-janvier 1920). Celle des Américains, tout aux « Quatorze points » énoncés au Congrès, en janvier 1918, par le président Wilson qui propose un programme de paix idéaliste et naïf réclamant notamment la fin de toute diplomatie secrète, la liberté de navigation et de commerce, le droit des peuples à disposer d'eux-mêmes, et la création d'une Société des Nations capable de gérer les conflits internationaux. À celle-ci s'oppose celle des États européens, au premier rang desquels figurent la Grande-Bretagne, la France et l'Italie – encore qu'il existe aussi d'importantes divergences entre elles –, plus pragmatique, avant tout animée par des préoccupations nationales, sécuritaires et impérialistes. Emblématique à cet égard est la position de la France qui se montre prête à détacher la Rhénanie du Reich allemand afin qu'il ne puisse plus entreprendre de nouvelle guerre.

Le résultat de la conférence tient en cinq traités de paix (le traité de Versailles pour l'Allemagne ; de Saint-Germain pour l'Autriche ; de Trianon pour la Hongrie ; de Neuilly pour la Bulgarie ; et de Sèvres pour l'Empire ottoman), dont l'ensemble forme un compromis entre les deux positions. Paradoxalement, il ne fait qu'accentuer la division des vainqueurs. Le règlement de paix fâche ainsi l'Italie. En échange de son entrée en guerre, Londres et Paris lui avaient promis en 1915 l'Istrie, la Dalmatie et le Trentin, qu'elle obtient en grande partie. Cependant, Rome désire aussi Fiume, un grand port austro-hongrois sur l'Adriatique. Une revendication qui est refusée par les États-Unis au nom du droit à l'autodétermination des peuples car les Italiens y sont minoritaires. Dépitée, l'Italie quitte la conférence de Paris. Mal lui en prend. Pendant son absence, les autres pays se partagent les colonies allemandes. Deux mécomptes qui, en exacerbant frustrations et nationalisme dans la péninsule italienne, favoriseront en 1922 l'accession au pouvoir de Benito Mussolini (1883-1945), personnage bien moins disposé que ses prédécesseurs à préserver l'ordre international né de la guerre. Il annexera d'ailleurs Fiume en 1924.

Le règlement de paix pose aussi des difficultés aux États-Unis, où le Sénat refuse au président Wilson de ratifier le traité de Versailles. Le nœud du problème vient du Pacte fondateur de la Société des Nations (SDN), qui est intégré au traité. Certaines de ses clauses, en particulier l'article X, qui stipule que tous les membres de la SDN s'engagent à maintenir contre toute agression l'indépendance des autres parties membres, laissent craindre aux sénateurs que les États-Unis ne soient obligés d'intervenir dans des conflits qui les dépassent. Wilson aura beau batailler contre les sénateurs jusqu'en mars 1920, les États-Unis ne ratifieront aucun des traités de paix. Avec leur retrait, c'est aux Alliés restants qu'il incombe de faire respecter les décisions prises lors de la conférence de Paris. En somme, la mission revient à la France et à la Grande-Bretagne gravement diminuées par quatre années de guerre et, qui plus est, incapables de se mettre d'accord sur une posture commune vis-à-vis des vaincus : la première étant pour l'intransigeance, la seconde pour la clémence.

Outre les dissensions des vainqueurs, les traités de paix, par leur dureté, créent rancœur et colère chez les vaincus. D'autant plus qu'aucun d'entre eux n'a pu prendre part aux négociations à Paris et qu'ils sont forcés d'accepter les traités dans leur intégralité. Leurs conséquences sont d'abord d'ordre territorial. L'Autriche-Hongrie est ainsi partitionnée en plusieurs nouveaux pays : la Yougoslavie, la Tchécoslovaquie, la Hongrie et l'Autriche. Ces deux derniers voient leurs frontières sensiblement rabotées par rapport à celles de 1914. La Hongrie perd ainsi 70 % de son territoire et 60 % de sa population ; l'Autriche est ravalée à un État croupion de 84 000 km² qui compte sept millions d'habitants. L'Empire ottoman est purement et simplement partagé entre la France, la Grèce, l'Italie et la Grande-Bretagne, qui s'y taillent des sphères d'influence coloniales. Quant à l'Allemagne, elle perd environ 13 % de son territoire, un dixième de sa population et toutes ses colonies. Elle doit rétrocéder à la France l'Alsace-Lorraine, conquise lors de la guerre de 1870-1871, et donner le canton d'Eupen-Malmedy à la Belgique, le nord-Schleswig au Danemark, la Haute-Silésie et le duché de Posen à la Pologne, nouvellement constituée. Elle perd aussi la ville de Danzig et la région de Memel, contrôlées par la Société des Nations ; tandis que la Rhénanie est placée, pendant 15 ans, sous occupation militaire des Alliés, et le bassin de la Sarre sous contrôle des Français.

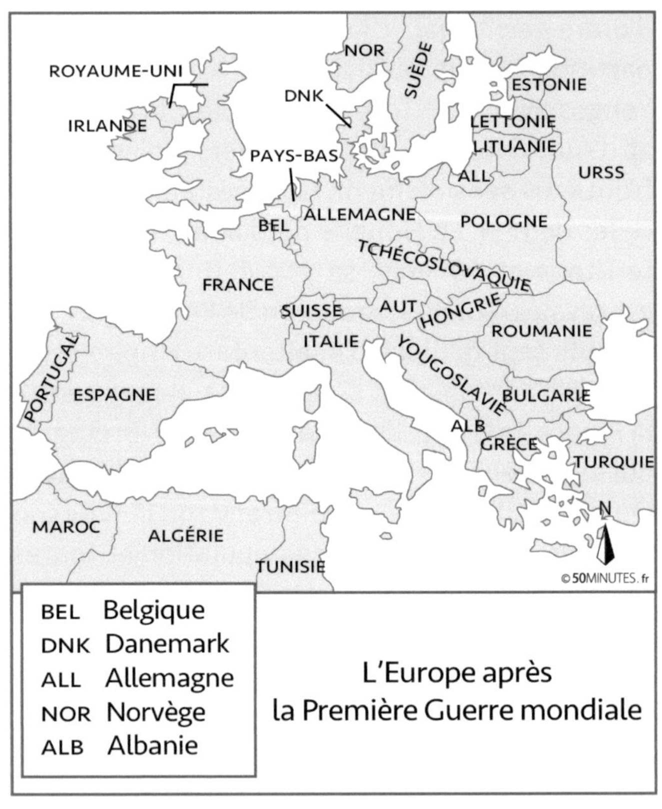

En outre, les vaincus sont également contraints de réduire considérablement leurs forces armées : à 100 000 hommes pour l'Allemagne, 35 000 pour la Hongrie, 10 000 pour l'Autriche, etc. L'Allemagne ne peut posséder ni chars, ni avions, ni sous-marins, ni artillerie lourde. Elle voit également tous ses fleuves internationalisés, et perd tous ses brevets. Elle doit enfin accepter la responsabilité morale du conflit et, à ce titre, est tenue de verser aux Alliés la somme astronomique de 132 milliards de marks-or.

Au final, les décisions de la conférence de Paris attisent les velléités révisionnistes des puissances vaincues. Passé Trianon, la Hongrie ne cesse ainsi de lorgner sur les 3 500 000 Hongrois vivant désormais hors de ses frontières. De son côté, l'Allemagne ne reconnaîtra jamais ses frontières orientales. La jeune République allemande protestera tout au long de son existence contre la culpabilité dans le déclenchement de la guerre assignée à l'Allemagne par le traité de Versailles. De même, elle s'efforcera, dès le début, de contourner les clauses limitatives sur les armements, en signant notamment des accords militaires secrets dès 1922 avec l'Union soviétique, que les vainqueurs ont mis au ban de la communauté internationale. En 1923, son manque de volonté à payer les réparations de guerre entraîne l'occupation de la Ruhr par la France et la Belgique, qui vire à l'épreuve de force.

Au Moyen-Orient, l'édifice créé par le traité de Sèvres (1920) s'effondre très rapidement. L'occupation de l'Empire ottoman par des armées étrangères provoque l'insurrection nationaliste de Mustafa Kemal (1881-1938) qui aboutira au traité de Lausanne en 1923, qui marque l'indépendance de la Turquie moderne.

À l'exception du cas turc, le révisionnisme reste limité dans les années vingt, marquées dans leur seconde moitié par un relatif apaisement entre les anciens belligérants. Cependant, en générant divisions et rancœur, les traités de paix, combinés au regain de tensions consécutif à la Grande Dépression (1929) et à la montée au pouvoir d'Adolf Hitler (1889-1945) en Allemagne, mèneront, au cours des années trente, à leur propre destruction et à la Seconde Guerre mondiale (1939-1945).

LE PRIX DE LA GUERRE

Le coût de la Grande Guerre est énorme pour les belligérants. De 1914 à 1918, plus de neuf millions de personnes ont perdu la vie en Europe. En tenant compte des victimes des privations causées par la guerre, de la grippe espagnole (1918-1920) et de la guerre civile russe (1918-1922), le bilan s'élève peut-être à 12 ou à 13 millions. La France, à elle seule, compte 1 400 000 tués, soit un mobilisé sur six ; l'Allemagne, plus de deux millions ; l'Empire britannique et l'Autriche-Hongrie à peu près un million chacun. La Serbie, avec ses 300 000 soldats tués et son demi-million de civils victimes de la guerre, a perdu presque le tiers de sa population. Les combats ont également fait sur le continent 20 millions de blessés, dont huit millions resteront invalides. Parmi eux, de nombreuses gueules cassées, ces terribles mutilés dont il ne reste rien du visage. Jusqu'alors, aucun conflit n'avait entraîné une telle saignée.

Ce bilan effroyable est aggravé par le fait que la majorité des morts et des blessés sont des jeunes hommes de moins de 30 ans, qui formaient l'essentiel des mobilisés aux armées. Ceux âgés entre 19 et 22 ans en 1914, notamment, ont été particulièrement décimés. En somme, c'est leur population active et toute une génération que les États belligérants ont sacrifiées dans les tranchées. Certains secteurs, comme celui de la paysannerie d'où provient la majeure partie des soldats en France et en Italie, devaient difficilement s'en remettre. Un dernier facteur vient encore alourdir le tribut humain payé par les sociétés : le déficit des naissances causé par la guerre. Avec la mort et le maintien au front d'hommes en âge de procréer, de nombreux bébés ne verront jamais le jour pendant et après le conflit. En Europe, les combats laissent d'ailleurs quatre millions de veuves et huit millions d'orphelins.

Aux morts et aux blessés s'ajoutent les destructions. En France, le pays le plus touché par la guerre, 289 000 bâtiments ont été entièrement détruits et 422 000 autres endommagés. En Belgique, toutes catégories confondues, on en compte plus de 200 000. Parfois, des villages entiers ont été purement et simplement rayés de la carte. Mais ce sont aussi les routes, les ponts et les lignes de chemin de fer qu'il faut réparer. Dans les anciennes régions du front, les combats ont souvent laissé place à un paysage quasi lunaire, où la végétation a complètement disparu et où les cratères d'obus s'étendent à perte de vue. En France, entre 2 500 000 et 3 000 000 d'hectares ont ainsi été dévastés. Enfouies dans le sol, des milliers de tonnes de munitions non explosées y rendent le retour d'une activité humaine difficile et parfois impossible. Leur remise en état sera l'une des tâches les plus colossales et les plus dangereuses de l'après-guerre.

L'occupation a, elle aussi, laissé des séquelles physiques. Pillages et réquisitions ont fait disparaître bétails, véhicules, machines-outils, matériaux et autres ressources. À l'inverse, des dépôts d'armements et de munitions ont poussé un peu partout, ce qui constitue dans bien des cas de véritables fardeaux pour les pays libérés. Tels sont, par exemple, les stocks d'obus chimiques laissés par l'armée allemande en Belgique, que l'armée belge fera immerger dans la mer du Nord, faute de moyens pour s'en débarrasser autrement.

Économiquement, la Première Guerre mondiale est un désastre pour l'Europe. Si l'on en croit l'historien David Stevenson, la guerre a ainsi coûté aux seuls Alliés occidentaux la bagatelle de 130 milliards de dollars ! Et c'est sans compter les frais engendrés pour la réparation des dommages de guerre, évalués à 35 milliards de francs rien que pour la Belgique. Pour soutenir leur effort de guerre, les États européens ont contracté d'énormes emprunts en interne et à l'étranger, et dilapidé une bonne partie de leurs réserves d'or. En 1919, la France, la Grande-Bretagne et l'Italie ont ensemble contracté une dette extérieure s'élevant à 85 milliards de francs-or. La France a également perdu la moitié de ses investissements dans le monde, la Grande-Bretagne environ un quart. L'Allemagne n'est pas en reste avec une dette publique passée de 6 milliards de francs-or, au début du conflit, à 169, à la fin de celui-ci ; à quoi s'ajoutent, à partir de 1921, les énormes emprunts contractés aux États-Unis pour rembourser les 132 milliards de marks-or réclamés par les Alliés à titre de réparations, et qui devaient jouer un rôle clé dans la crise de 1929.

Dans l'après-guerre, le marasme règne dans les anciens pays belligérants européens. La production nationale a, pour la plupart d'entre eux, beaucoup diminué avec comme conséquence une dépendance accrue vis-à-vis de l'extérieur.

L'inflation est galopante, le taux de chômage élevé et l'appauvrissement général. En 1918-1919, le continent tout entier est traversé par des troubles sociaux, qui culminent avec l'apparition d'une éphémère République des conseils d'inspiration soviétique en Hongrie (mars-juillet 1919). Il faudra donc attendre 1924 avant que ne s'opère un retour à la normale. L'Europe, exsangue et ruinée, ne recouvra toutefois jamais sa puissance économique d'avant-guerre.

DES SOCIÉTÉS PROFONDÉMENT BOULEVERSÉES

Le cataclysme de la Grande Guerre ébranle irrémédiablement les sociétés européennes. Au lendemain du conflit, la mort imprime sa marque partout. Elle se retrouve, d'abord, dans les multiples expressions d'un deuil devenu massif. Les pays belligérants se couvrent de monuments aux morts, souvent financés par d'anciens combattants ; tandis que, sur les champs de bataille désormais éteints, les pèlerinages se multiplient. Encadrés et compositions prennent place dans les maisons, qui rappellent les proches disparus. Les morts anonymes, ceux dont on n'a pu ni identifier ni retrouver le corps, trouvent leur consécration dans les ossuaires collectifs construits sur les hauts lieux de combats, comme ceux de Verdun, de Douaumont, ou encore de Hartmannswillerkopf pour les Français, mais aussi, dans l'hommage national rendu, à partir de 1920, à un soldat inconnu. Plus que la commémoration de l'armistice, le 11 novembre, devient un jour de recueillement. En France, en Grande-Bretagne et ailleurs, habitude est prise, à cette occasion, de faire une ou deux minutes de silence, et de visiter les cimetières. En parallèle, le spiritisme se popularise, de même que dans la littérature le thème du retour des morts parmi les vivants, qui fait florès dans les années d'après-guerre.

Au-delà du deuil lui-même, la mort de masse et, plus largement, la destruction physique et mentale des corps par la guerre, altèrent les perceptions et les pratiques de la société. Plus que jamais, la quête d'individus sains et nombreux devient une obsession civilisationnelle qui légitime l'intervention directe de l'État dans le domaine de l'intime. Elle encourage, en amont, la mise en œuvre de politiques natalistes et de promotion de la famille traditionnelle, qui fait d'ailleurs sensiblement reculer la condition féminine. Les lois contre l'avortement et la contraception se durcissent dans de nombreux pays, tandis que les femmes, mobilisées en grand nombre dans les usines pendant la guerre, sont appelées à reprendre leur ancienne place dans la sphère domestique pour s'occuper de leurs enfants. Même l'Union soviétique, pourtant à l'avant-garde de la libération de la femme dans les années vingt, finit par adopter des mesures similaires une décennie plus tard.

En aval, elle donne naissance à des politiques sociales inédites, au demeurant souvent teintées d'hygiénisme, ou stimulent celles déjà exis-tantes : aides familiales, protection de l'enfance, création de logements sociaux réputés salubres, campagnes de lutte contre les maladies véné-riennes et l'alcoolisme, etc. Les pratiques eugé-nistes connaissent, elles aussi, un boom dans les années d'après-guerre. Au nom de l'hygiène so-ciale, les déficients mentaux, mais parfois aussi les individus considérés comme « asociaux » (chômeurs, clochards, etc.), sont de plus en plus mis à l'écart et, dans certains pays, stérilisés. Une logique que l'Allemagne nazie poussera à son paroxysme, avec les résultats que l'on connaît.

Au poids des morts s'ajoute celui de la violence de guerre et de l'expérience combattante, qui laissent des traces indélébiles dans les sociétés. Revenus du front, les soldats se réunissent en association d'Anciens Combattants aux orientations politiques très variées, mais aux aspirations généralement identiques : antimilitarisme, pacifisme et, plus concrètement, défense des intérêts des vétérans, des veuves de guerre et des orphelins. *A contrario*, la guerre a aussi pour conséquence une brutalisation et une radicalisation de la vie politique. Souvent proches de l'extrême droite, des organisations paramilitaires de masse, n'hésitant pas à faire usage de la force, apparaissent, tels les fameux *Freikorps* (« corps-francs ») qui, au début des années vingt, essaiment dans la République allemande, et participent à la terrible répression des soulèvements communistes de 1919.

Néanmoins, la violence n'est pas de leur seul fait. Avec le triomphe de la révolution bolchevique et l'avènement de l'Union soviétique en 1922, les partis communistes se font eux aussi plus agressifs ; notamment en Allemagne, où les méthodes du *Rote Frontkämpferbund*, l'organisation paramilitaire du Parti communiste allemand, n'ont rien à envier à celles de leurs adversaires d'extrême droite. Enfin, ultime avatar de cette militarisation de la scène publique, l'émergence, au début des années vingt, du fascisme italien et du nazisme, mouvements révolutionnaires imprégnés d'une mystique de la guerre, valorisant la lutte comme ferments d'un homme nouveau, ainsi que la force, l'instinct et la volonté sur la raison ; et dont les milices politiques, les *Fasci di combattimento* (« faisceaux de combat ») pour les premiers, les SA (*Sturmabteilung*, « les sections d'assaut ») pour les seconds, inspireront longtemps la terreur à leurs opposants.

Pour terminer, l'étendue de la mort et de la violence causées par la guerre provoque une profonde remise en question de la société qui les a rendues possibles. Elle passe bien sûr par tous ces courants politiques extrêmes et révolutionnaires tout juste évoqués, et qui émergent ou se renforcent sensiblement après la guerre. Mais elle s'inscrit aussi dans le domaine de la culture et des beaux-arts, où les œuvres se font témoins du carnage et des destructions, et subversion à l'ordre établi. Apparu en pleine guerre à Zurich, autour d'un petit groupe d'artistes en exil, le dadaïsme cherche ainsi à choquer les bonnes mœurs et à scandaliser les amateurs d'art conventionnels, comme le fit, en 1917, Marcel Duchamp (1887-1968) en tentant d'exposer un urinoir dans une galerie d'art new-yorkaise. Le mouvement surréaliste, né au milieu des années vingt, va plus loin encore. En plaçant l'inconscient et l'irrationnel au centre de leur art, les surréalistes opèrent une rupture complète avec le rationalisme dominant. Plus largement, refus et incompréhension du monde présent imprègnent de nombreuses œuvres de l'entre-deux-guerres ; mais aussi l'engagement d'une foule d'intellectuels dans le fascisme et le communisme, promoteurs d'une société radicalement nouvelle.

EN RÉSUMÉ

1918

3 mars : La Russie signe la paix séparée avec l'Allemagne

21 mars : Début de l'offensive de printemps

9 avril : Lancement de l'opération « Georgette »

15-17 juill. : Lancement de l'opération « Friedensturm »

18 juill. : Ferdinand Foch lance la contre-attaque alliée

26 sept. : Début de l'offensive générale alliée

29 sept. : La Bulgarie signe l'armistice

Ludendorff annonce au Kaiser qu'ils doivent conclure un armistice

30 sept. : Max de Bade devient chancelier en Allemagne

4 oct. : L'Allemagne commence ses négociations avec les Alliés

30 oct. : L'Empire ottoman capitule

3 nov. : L'Autriche-Hongrie signe l'armistice

- Au début de l'année 1918, l'Allemagne n'a plus le choix. L'entrée en guerre des États-Unis en avril 1917 et l'effondrement économique de ses alliés l'obligent à chercher une issue rapide au conflit.

- Le 11 novembre 1917, l'OHL décide que la victoire passera par une offensive majeure en France, lancée le plus tôt possible. À la base de cette décision, le sentiment éprouvé par le haut commandement allemand, après l'effondrement de la Russie et les désastres des Alliés en 1917, de posséder une supériorité qualitative et quantitative nette sur l'ennemi.

- Sans direction stratégique claire, l'offensive allemande en France prend la forme d'une série d'attaques décousues, s'étalant de mai à juillet, et n'obtient que des succès tactiques.

- À partir du 18 juillet, les Alliés lancent la contre-attaque. Épuisée et démoralisée, l'armée allemande est incapable de faire face. En l'espace de quatre mois, elle est refoulée de la quasi-totalité du territoire français.

- Au début de l'automne, les Alliés passent également à l'offensive sur les fronts secondaires. Les succès sont rapidement obtenus. L'Allemagne perd ses alliés les uns après les autres.

- Le désastre pousse l'Allemagne à établir un armistice avec les Alliés. Il est finalement signé le 11 novembre, à Rethondes. La guerre prend fin et laisse l'Europe exsangue, ruinée et profondément traumatisée.

Votre avis nous intéresse !
Laissez un commentaire sur le site de votre
librairie en ligne et partagez vos coups de cœur sur
les réseaux sociaux !

POUR ALLER PLUS LOIN

SOURCES BIBLIOGRAPHIQUES

- AUDOUIN-ROUZEAU (Stéphane) et BECKER (Annette), *14-18, retrouver la guerre*, Paris, Gallimard, 2000.

- AUDOUIN-ROUZEAU (Stéphane) et PROCHASSON (Christophe) (dir.), *Sortir de la Grande Guerre. Le monde et l'après-1918*, Paris, Tallandier, 2008.

- BERSTEIN (Serge) et MILZA (Pierre), *Histoire du XXe siècle. 1900-1945, la fin du « monde européen »*, tome 1, Paris, Hatier, 1996.

- BLED (Jean-Paul), *L'agonie d'une monarchie. Autriche-Hongrie, 1914-1920*, Paris, Tallandier, 2014.

- GOYA (Michel), *L'invention de la guerre moderne. Du pantalon rouge au char d'assaut 1871-1918*, Paris, Tallandier, 2014.

- GREENHALGH (Elizabeth), *Foch, chef de guerre*, Paris, Tallandier/Ministère de la défense – DMPA, 2013.

- HOBSBAWM (Eric John), *L'âge des extrêmes. Le court vingtième siècle 1914-1991*, Bruxelles, Éditions Complexe, 1994.

- KEEGAN (John), *La Première Guerre mondiale*, Paris, Perrin, 2005.

- LAPARRA (Jean-Claude), *La machine à vaincre : de l'espoir à la désillusion. Histoire de l'armée allemande 1914-1918*, Quercy, Éditions 14-18, 2006.

- MAZOWER (Mark), *Le continent des ténèbres. Une histoire de l'Europe au XXe siècle*, Bruxelles, Éditions Complexe, 2005.

- MIQUEL (Pierre), *La Grande Guerre*, Paris, Fayard, 1983.

- MORROW (John H.), *The Great War. An Imperial History*, New York, Routledge, 2004.

- NOBÉCOURT (René Gustave), *L'année du 11 novembre (1918)*, Paris, Robert Laffont, 1968.

- PRIOR (Robin) et WILSON (Trevor), *La Première Guerre mondiale*, Paris, Autrement, 2000.

- ROGAN (Eugene), *The Fall of the Ottomans. The Great War in the Middle East 1914-1920*, London, Allen Lane, 2015.

- SCHNETZLER (Bernard), *Les erreurs stratégiques pendant la Première Guerre mondiale*, Paris, Economica, 2006.

- STEVENSON (David), *1914-1918, The History of the First World War*, London, Penguin Books, 2005.

- STEVENSON (David), *With Our Backs to the Wall. Victory and Defeat in 1918*, London, Penguin Books, 2012.

- THOMPSON (Mark), *The White War. Life and Death on the Italian Front. 1915-1919*, New York, Basic Books, 2010.

- WINTER (Jay) (dir.), *La Première Guerre mondiale : Combats, tome 1*, Paris, Fayard, 2013.

- WINTER (Jay) (dir.), *La Première Guerre mondiale : États, tome 2*, Paris, Fayard, 2014.

- ZABECKI (David T.), « Operational Art and the German 1918 Offensives », in Cranfield University, consulté le 2 octobre 2015. https://dspace.lib.cranfield.ac.uk/handle/1826/3897

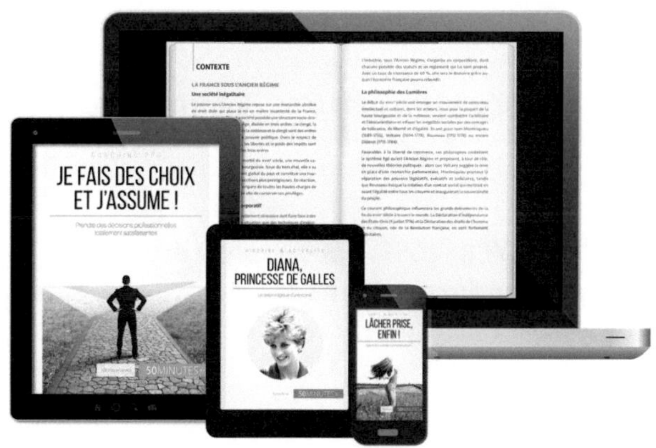